발효된
침묵

이귀선 시집

발효된 침묵

서문

최 광 호 | (사)한국문화예술연대 이사장 |

  시인은 어떻게 시詩를 썼을까라는 질문에 대해, 이귀선 시인은 그리움의 정을 통한 인간애와 자연친화를 통한 모순된 상황을 완화시키려는 의식으로 시를 써내려가지 않았을까 하는 짐작을 해본다. 아울러 그의 시가 도달하고자 하는 이상의 원형을 총체적으로 형상화하고 있다는 점에서 의미 있게 읽힌다.
  소비를 최고의 가치로 여기는 자본주의적 삶의 폐해는 실존하는 모든 존재를 병들게 하고 이에 물신주의에 의해 인간성이 상실된 시대가 되었다. 왜 이렇게 되었는가, 이런 상황을 어떻게 해야 할 것인가에 대해 시인은 고뇌의 질문을 던진다.
  이처럼 시를 통해 삶의 방향을 모색하는 이귀선 시인의 첫 시집 『발효된 침묵』에는 시인이 겸허한 마음으로 살아왔던 시대의 어두움과 모순에 대해 첨예한 직관과 사유로 던진 삶에의 질문들이 시의 행간마다 깊은 여운으로 드리워져 있다. 우리는 시인의 이러한 질문들이 갖는 의미를 느껴 보면서 삶의 방법에 대해 고민을 함께 할 수 있으리라 본다.

그의 시집 전반에는 자연친화 사상이 두드러지게 나타나 있다. 시인은 인간성 회복을 갈구하며 인간애를 위한 상상력을 유감없이 드러낸다. 이러한 정서는 갈수록 메마른 삶을 살아가는 오늘날과 같은 과학기술 시대의 우리들에게 밝고 맑은 생기와 활력을 제공하는 것임이 분명하다.

황새울에 신새벽이/ 물안개 헤치고/ 발돋움한 채 내려와/ 여울가 물푸레나무 숲에 앉아/ 파란 단발머리를 빗질하고 있다/ 바람 따라 망초 싹 콕 찍어 틔우고/ 꽃 둥치 정강이를 흔들어 주다/ 이웃 마을에서 날아온 배추흰나비는/ 흔들리는 곁가지에 앉으려고만/ 유혹하는 날갯짓을 하고/ 긴 밤 빠져나간 바람에/ 잎새 부딪는 소리는/ 가슴속에도 물줄기 따라 흐르다/ 텅 빈 들녘은 가슴을 온통 허전하게 할 뿐/ 오늘따라 새들은 호들갑스럽게 삐삐대고/ 물푸레나무 수액은 세차게 차오르는데/ 꽃대궁 속으로 스며든/ 내리천의 저녁노을/ 석양빛 비늘 번득이며/ 하늘을 가르다.
―〈내리천의 봄〉 전문

시인의 자연친화적인 정서는 고요하고 아늑한 감성적 이미지로 드러난다. "이웃 마을에서 날아온 배추흰나비는/

흔들리는 곁가지에 앉으려고만/ 유혹하는 날갯짓을 하고/ 긴 밤 빠져나간 바람에/ 잎새 부딪는 소리는/ 가슴속에도 물줄기 따라 흐르다"

관조적인 시선으로 포착된 이미지는 자연과 나비의 몸짓의 현상 그 자체를 묘사하고 있다. 그의 시가 긴장보다는 조화의 여음餘音을 지향하고 있음을 보여 준다. 인공으로 구성된 도시에서 자연의 지극히 작은 일부분인 배추흰나비라는 생명을 통해 자연에 동화될 때, 자연과의 소통에서 편안하고 풍요로운 감성을 획득하며, 마음을 열어 거대한 우주와 화합할 수 있는 길을 모색한다.

생태 환경의 위기에 대한 자각과 극복을 추구하는 시로서 인류가 공유하는 보편적 가치에 대한 소중함을 깨닫게 하기에 그의 시는 충분하다.

동짓달 열아흐레 고요한 밤/ 동박새는 이성의 울음을 그치고/ 바람을 채색하며 피어나던 동백 꽃잎에/ 혼불 새겨 놓고 하늘을 향해 홀연히 떠나가셨다/ 동백나무 숲을 떠난 바람은 한낮에 분향을 올리고/ 못다 한 사랑, 못다 한 이야기 하나, 둘/ 하얀 심연으로, 가녀린 영혼은 손을 흔든다
―〈그리운 어머니·2〉일부

시인에게 불어오는 바람은 영혼과 정한을 일깨우는 상징적 이미지의 공간일 것이다. 시인은 현실에 살지만 이상을 추구하고 꿈꾸는 존재로서 이기심이 들끓는 도시 공간 속에서 빛과 같은 사랑을 추구한다. 그리고 그리운 어머니의

그 사랑을 통해서 자연과 혼연일체가 된다. 사랑에서 비롯된 생명력이 인간의 삶을 새롭게 할 수 있는 것은 자명한 사실이다. 시인은 자연과 더불어 어머니의 사랑을 노래함으로써 사랑의 힘을 다시 한 번 확인시키고 있다.

　이귀선 시인의 시집 『발효된 침묵』의 시편은 세속적인 물신 시대에 저항할 수 있는 순수한 언어와 순결한 영혼의 표현이다. 여기엔 모순된 세계의 가치관을 부정하고 이상주의의 희망을 반영하고 있다. 자본주의 욕망은 우리 삶의 영원한 터전인 자연을 개발과 발전의 논리로 뒤덮었다. 그 결과 물과 땅은 오염되고 훼손되고 있다. 그러나 시인은 과거 자연의 아름다움을 기억하고 사유하고 있다. 자연이 가진 그 아름다움은 여전히 시인의 시 속에 형상화되고 있으며, 다시 살아나 맑고 밝게 빛나는 내일을 기약하는 희망으로 작용하고 있다.

　시인이 추구하는 자연은 인간을 위해 끊임없이 자신을 소모하는 대상이 아니다. 시인은 인간과 상생相生하는 자연을 노래함으로써 인간과 자연의 존재 의미를 우리에게 각인시키고자 한다.

2015년 가을에
문학공간사에서

시인의 말

진리가 자유인데, 제멋대로가 자유인 줄로만 알고 제멋에 흥겨워 물결치는 대로, 바람 부는 대로 출렁이며 '휘이휘이 어허라 상사디야' 하며 이순耳順의 문턱까지 살아왔다.

그런데 내 모습 뒤로 실상實相 같은 어머니의 그림자가 비치었다. 한 치의 흐트러짐도 없이 살아오셨던 그분의 지난 至難한 삶. 그래서 그분의 덕으로 오늘의 내가 순탄한 이 길을 가고 있는가 보다. 또한 모든 일을 역사役事하고 계신 전능하신 주님께 무한 신뢰로 감사드린다.

내 곁에 있어 만나고 싶고, 보고 싶고, 그리운 사람으로 기억되기를 바라면서 아름다운 삶을 함께 나누며 살고 있는 '나는' 또 다른 누군가에게 커다란 행복의 원천이 되기를 소망하며 나의 시적 분신들을 조심스레 세상에 선뵌다.

2015년 9월
안중필방安中筆房에서 이귀선

이귀선 시집

발효된 침묵

▫ 서문 | 최광호
▫ 시인의 말

제1부 구조조정

내리천의 봄 ────── 17
파란 민들레 ────── 18
구조조정 ────── 20
용접 산소통 ────── 23
배롱나무 ────── 25
피톤치드 ────── 27
송담리 수용 지구 ────── 29
흙들은 물푸레나무를 노래하다 ────── 31
역전 뒷골목의 성대 결절된 매미 ────── 34
허수아비, 바람의 성형수술을 받다 ────── 36
워낭 소리 ────── 38
그래도 섬[島]·1 ────── 39
그래도 섬[島]·2 ────── 40
심연에 흐르는 강·1 ────── 41
심연에 흐르는 강·2 ────── 43

발효된 침묵   이귀선 시집

제2부 푸른 의자

47 ── 꽃비
48 ── 바람꽃
49 ── 자전거를 타는 계절
51 ── 파도
52 ── 세월의 춤사위
54 ── 타인의 계절
56 ── 식탁 위에서
57 ── 황혼의 연가
58 ── 낙엽
60 ── 질경이 사랑
61 ── 푸른 의자
62 ── 그냥 그렇게
64 ── 외출할 생각이 그리움에 닿아
65 ── 첫사랑
68 ── 내 사랑 꽃님이

이커선 시집 발효된 침묵

제3부 바라보기

변화 —— 73
화인 —— 74
사랑은 부재중 —— 75
망초꽃 연가 —— 77
밤바다에서 —— 78
파랑주의보 —— 79
돋보기 —— 80
흑진주 —— 81
풍경 속으로 —— 82
능선에 오르며 —— 83
삶의 여정 —— 84
바라보기 —— 85
바닷가 풍경·1 —— 86
바닷가 풍경·2 —— 87
바람난 동백 —— 88

발효된 침묵   이커선 시집

제4부 발효된 침묵

- 93 ─── 발효된 침묵
- 95 ─── 그리운 어머니·1
- 96 ─── 그리운 어머니·2
- 97 ─── 그리운 어머니·3
- 98 ─── 어머니의 기도·1
- 100 ─── 어머니의 기도·2
- 101 ─── 친정어머니 수목장
- 104 ─── 분꽃 이야기
- 105 ─── 왕해국 연가
- 106 ─── 주님의 식탁
- 107 ─── 자맥질
- 108 ─── 묵상기도
- 109 ─── 순례의 길
- 110 ─── 한바탕 꿈
- 112 ─── 기도

▫해설_진춘석

제1부 구조조정

산을 조경 동산쯤으로 여기는 사주社主의 생각들이
어깨에 내려앉아 새털 같은 먼지도 힘겹다

내리천의 봄

황새울에 신새벽이
물안개 헤치고
발돋움한 채 내려와
여울가 물푸레나무 숲에 앉아
파란 단발머리를 빗질하고 있다
바람 따라 망초 싹 콕 찍어 틔우고
꽃 둥치 정강이를 흔들어 주다
이웃 마을에서 날아온 배추흰나비는
흔들리는 곁가지에 앉으려고만
유혹하는 날갯짓을 하고
긴 밤 빠져나간 바람에
잎새 부딪는 소리는
가슴속에도 물줄기 따라 흐르다
텅 빈 들녘은 가슴을 온통 허전하게 할 뿐
오늘따라 새들은 호들갑스럽게 삐삐대고
물푸레나무 수액은 세차게 차오르는데
꽃대궁 속으로 스며든
내리천의 저녁노을
석양빛 비늘 번득이며
하늘을 가르다.

파란 민들레

눈에 잘 띄지 않아야 살 수 있는 앉은뱅이
자기 아닌 남 탓하며 손가락질하는 세상이라
양지바른 사계절 바람이 잘 통하는 곳이면
오고 가는 쐐기풀 가시에 쏘여도 아프지 않다

홀씨 머리에 날카로운 프로펠러 하나씩 달고
고달픈 씨앗 밭을 찾아가는 민초들이여!
서슬 퍼렇게 날아다니면 쳐다보는 눈빛들도 두려워
정원수 야생화 모두 숨죽인다

아버지 논두렁 무너질세라 질끈 붙잡은
바람벽 한 올 한 올 이슬 머금은 일편단심
꽃 피는 동안 잠 못 이룬 시간들 달빛에 하늘거리고
옷깃 스치는 바람과 대화는 공의로워 향기롭다

아직도 봄밤이 들려준 이야기로 수런대며
아침 안개가 속살을 게워 내기 시작하면
들녘을 노랗게 뒤덮은 만지금滿地金이라

저 깊숙한 빛 손에 잡히지도 않는 풍매화

헛기침에 꽃잎 으스러질까 조심스러운데
잎 하나, 가지 하나도 사치하지 않는 어머니.

구조조정

낡은 외투 걸친 상수리나무가 서 있는 곳으로
해고 통지서를 손에 쥔 사내가 걸어 나온다

'상수리나무' 라고 이름표를 매단 나무는
내 집처럼 드나들던 정문 앞에서 꼿꼿이 단식 중인데
'구조조정 반대' 라서 쳐다보는 사람 하나 없다

산을 조경 동산쯤으로 여기는 사주社主의 생각들이
어깨에 내려앉아 새털 같은 먼지도 힘겹다

삼십여 년을 굴렸어도 부드러웠던 바퀴들이
부당해고 통지서를 온몸에 두르고 나니
바퀴들은 몽땅 제 갈 길로 떨어져 나가 작동 불능이었다

나무를 가구로 생각하는 사람들이 있는 한
시간의 톱니바퀴 따라 빙빙 돌던 세상이라
두 눈엔 프리즘 광선이 번쩍이고
바코드 없는 곳으로 밀려난 상수리나무는 점점 숨이 막힌다

벽과 문 사이 해고란 두려움으로 단단히 졸라매고 있는데
야근하는 사무실 형광등을 끌고 나온 눈빛들은 한결같이
상수리나무도 다이어트하는 줄 아는가 보네 한다

밤새 사주社主가 밟은 땅엔 풀 한 포기 자라지 않아
사막처럼 생명이 뚫고 올라오지 못한 아침이다
햇살에 눈이 부셔 분명 충전 스위치가 작동 중인데도
해고자 상수리나무는 조여 오는 질긴 끈으로
전류가 방전되고 부피 생장점은 괴멸되었다

문을 밀고 나오니 아득한 골목 저편이
아코디언처럼 접혔다 폈다 빗금을 친다

휘적휘적 걸어갈 때 몇 겹의 공기가 찢겨 날아가고
노란 햇살 따라 걸어가다 또 뒤돌아보다

안개처럼 피어오른 하얀 깃털 사이로
소금 기둥이 된 상수리나무가 나에게 말을 건넨다
"나하고 자리 바꿔 있어 볼래?"

"네 말, 그래 맞아."
나도 그 말을 회사에게 하고 싶다.

용접 산소통

주저리주저리 쏟아지는 말은
쇠를 붙이는 용접 산소통이다
내 생각과 내 말이 한데 어울리면
용접 산소통에서 뿜어지는 불꽃처럼
파랗게 무한 질주하다
생명의 불꽃처럼 타올라
쇠를 녹여 연결해 주지만
산소로 맹렬한 불길은
모든 것들을 치열하게 태운다
말은 세상 속으로 뛰어들어 활기차게 하지만
무수히 상처도 내고
스스로 재갈을 물리고
활성산소 고랑에 빠져 허우적댄다
말은 공의를 논하는 양
정의의 사도이기도 하다가
누군가의 살 속 맑은 피를
말리고 흘깃거린다
말의 혀가 읽어 가는 차가운 문장들 속에
산소는 수소의 손 두 개를 잡아
뜨거운 심장을 안정시킨다

산소는 생명을 살리지만 죽이기도 하여
차가움으로도 델 수 있다
얽혀진 눈길들이 시간을 배회하며
허기를 채우려고 어슬렁거린다.

배롱나무

정형외과 입구에 서 있는 배롱나무에는
장난감 벌들만 대롱대롱 매달려서
정수리가 희끗희끗한 수다들이 걸려 있다

무슨 병명인지 알아들을 수 없는
낯선 진단 이름만 꺾인 나뭇가지에 붙었다

벌과 나비들은
종다리 따라 아주 먼 산으로 갔나 보다

수박 꽃향기 은은했던 시절
산기슭에서 벌과 나비들과 소꿉놀이하였고
사나운 광풍에 부러진 가지는 안개와 구름이 치료했다

세월은 하늘을 몇 바퀴 돌아서
명품을 걸칠 수도 없는 줄기가 되었다
축 처진 가지를 내려다보는 눈길도 애잔하고
빛바랜 핏줄은 흙이 되어 간다

삐끗거리며 가지들 늘어진 풍경 안으로

뽀얀 햇살에 이끌린 창백한 노구老軀는
밤새도록 마사지 신경 치료를 받았다

당당하고 화려하게 꽃을 피우던 시간을
되돌리려 안간힘 쓰지만
물기 빠져 몸을 추스르기도 버겁다

가냘픈 꽃 배롱나무 대궁은
상현달 오 촉 전구 아래서 흔들리며
가슴 저리도록 떠나간 벗을 그리워하는데

벌과 나비도
날아들지 않는 황혼녘이다.

피톤치드

습한 장마전선이 오래전 예고되었는데
택지 개발로 산의 혈맥을 일방적으로 끊어 버렸으니
이 폭우에 산이 설사泄瀉를 할밖에
붉은 흙탕물을 주체할 수 없이 쏟아 낸다

환경 지킴이 의사의 진단:
병명은 산사태, 급성 설사병
원인은 직립한 나무들 살상
처방은 숲은 사람을 껴안고 사람은 숲을 의지함

세부적인 원인:
산의 중턱, 개인 소유의 사유지가 있는데
오두막 펜션을 짓기 위해 오래된 나무들을 살상했기 때문임
산허리 길 포장은 필요 이상의 숲 속 생명들을 빼앗았기 때문임

간단한 처방:
사람이 숲을 개발하는 것이 아니라 숲이 사람을 껴안도록 해야 한다

숲은 생명수를 간직한 녹색 댐이므로 사람들은 나무에 의지해야 한다
숲은 정수기이므로 나무들이 숨 쉬도록 사람들이 도와야 한다

그러면 숲은 우리에게 화답한다
도량으로 써도 좋고, 사색과 명상의 공간으로 활용해도 좋고
영적 기도처가 되는 것도 허락한다
숲은 이승과 저승의 문턱을 오가는 이에겐 피톤치드※다

산이 급성으로 설사泄瀉를 하여
가족 잃은 슬픔의 통곡 소리가 빗금 칠 때
새들도 입 안 가득 위로의 음절을 물고 와서
구름 솔기마다 낮은 소리로 영가를 읊조려 준다

그러나 인간의 비위脾胃가 빚은 탐욕으로
우리는 급성 폐렴에 걸릴 수밖에 없다.

※피톤치드: 식물이 병원균, 해충 따위에 저항하려고 분비하는 물질

송담리 수용 지구

마을회관 진입로에
고급 승용차들이 줄지어 사열 중이다
개발 기공식에 포클레인 쇠바가지가 움푹 파낸
흙 사발 위로 떡 사발과 막걸리 통
명태 여러 마리가 어울려 고사 춤을 춘다
화약 냄새 진동하는 투자자들의 불꽃놀이
분양 딱지들이 경매되고
또 다른 포클레인은
오래된 토담 한 채를 두 동강 내었다
매캐한 흙먼지 피어올라
하얀 찔레꽃 덤불을 덮어 버렸고
내리치는 쇠기둥 소리에
저무는 가슴속은 옹근 파문 일다
그 토담과 찔레꽃 울타리 사이에
숨어 살던 꽃뱀은 알몸을 드러낸 채
저편 마른 하수구 구멍으로 숨어서
'아니다, 아니다, 내가 아니다' 하며
남정네가 사용하던 뒷간의
젖은 품으로 숨어들었다
개발 축제 기공식이 끝난 그날 밤

집주인 떠난 빈 집에
누렁이는 달빛 속으로 배회하고
비탈진 산기슭 낡은 그 토담집 대문 앞에
가슴 찢긴 돌배나무가 울음을 동그랗게 매단다
삭정이 마디마디 인고忍苦의 싹은
새까만 싹눈 맹아萌芽
썰물 빠져나간 갯벌 가슴에
늑골의 갯골이 새하얗게 절여지고 있는 걸 보니
고인 눈물들은 참 맛나게 짭조름한가 보다
연일 해풍은 쉬지 않고 불어오는데
이곳저곳 짐 꾸러미들이 빌딩 숲으로 허물어지고
돌배나무는 시든 제 꽃잎만을 속 깊이 말리고 있다.

흙들은 물푸레나무를 노래하다

신도시에서는
몸을 납작 낮추어 이마를 땅에 대야만
아주 경건해야만 귓속 달팽이관이
세상을 향해 문을 연다
그러면, 흰옷 즐겨 입던 농촌 아낙
그 옛날 내 어머니의 치맛자락이 사각거린다

성가대에 앉아
물푸레나무를 노래하는
신도시 터를 다진 흙들

구름 한 점 없는 파란 하늘이
내려앉아
신도시 조경 화단에
정자나무로 서 있는데
흙들이 찬양하는 저 소리를 들어야만
나도 푸른 신자가 된다

푸른 산의 옷섶을 헤치고
땅속 깊은 동맥,

툭 튀어 오른 하지정맥을 파헤쳐
황톳길 실핏줄까지 터지며
신도시 정원 안으로
끌어다 놓은 물푸레나무

그 나무를 떠받치고 있던 흙들은
포클레인이 파 놓은 구덩이 속으로
불도저가
숨구멍만 남겨 놓은 채 묻어 버렸다

그 숨구멍 속으로
물푸레나무는 정원수 수청목으로 서 있다
늘 산비탈에 서 있어도
우주를 향해 시선을 던진 것처럼
한여름 그늘을 만들어 주면
그 속으로 들어간 눈들마다 파랗다

개발 허가를 받은 통풍痛風이 불어
마을 이장님 댁 박꽃 줄기가
어디로 뻗을까 두리번거릴 때마다

물푸레나무의 발가락은 아프다

전기톱 소리가
아파트 동과 동 사이에 메아리치면
입주 아파트 베란다엔
샹들리에 빛이 출렁이고
흥건한 푸른 수액의 물푸레나무는
엄지발가락이 새파랗게 아프다.

역전 뒷골목의 성대 결절된 매미

실내 포장마차 즐비한 역전 뒷골목
놀이터 옆 탈의장인 왕벚나무 줄기에
실크 가운을 벗어 버린 우화羽化 껍질 사이로
남정네들의 음흉한 향내가 우글거린다
젊은 나이에 두 돌 된 딸을 남편에게 뺏기고
모진 폭행을 피해 몸을 숨긴 지 7년
오래된 흔적을 덩그러니 벗어 놓고
역전 삼리 18번지, 2층 낡은 방으로 날아들었다
우화한 매미의 천적은
혹시 찾아올지도 모를 남편,
거미나 사마귀, 말벌이 아니라
일 년 열두 달 고단한 몸으로
헤픈 웃음을 흘려야 하는
왕벚나무 세상을 때론 둥지고픈 자신이었다
허리에 가득 찬 욕정의 남정네가
이름과 고향을 묻는다
사랑 아닌 욕정의 일회용 주사를 맞아야
삶을 연명하는 내 이름은 우화 춘희
내 고향은 탈의장, 왕벚나무 18번째 가지 아래
시렁에 걸어 둔 이 몸 그림을

두 장이나 석 장에 판다
정욕의 알갱이들이 락스에 표백되어 우화할 수 없고
한여름 밤 가곡 '그리움'을 부르고 싶지만
성대 결절로 귀환歸還 무대에 더 이상 오를 수 없다.

허수아비, 바람의 성형수술을 받다

남루한 모습 그대로
겸손한 인상은 허수아비의 트레이드마크
아니다. 화려한 변신이어야 한다
그렇잖으면 이 쓸쓸한 가을 들녘을 누가 처다보리?
추수되지 못한 쭉정이들만 있는 곳에
아니다. 그래도 너는 이 가을 지나 겨울이 오면
성형외과를 선전하는 탤런트 입간판이잖니?
얼굴은 당연 평범하면 안 된다
베이글 지방이식 수술이 있잖니?
소사벌 들판에서 석 달 열흘 서 있었더니
거친 노안老顔이 다 되었네
아직도 남은 가을 들판에서 쉼 없이 풍향계를 돌리며
불쌍한 영혼들을 구원하는 기도를 하는데
'소녀의 기도' 그림이 연상되도록
동안童顔이면 좋지 않겠어?
코는 어떤 이미지로 하면 좋을까? 선택해
강한 이미지 아니면, 어리고 귀여운 이미지
코끝을 직각에 가깝게 꺾어 주는 성숙한 이미지
매캐한 그루터기 타는 냄새는 안 맡아도 돼
발랄하며 여성스러운 코인 버선코, 최고야

사람의 눈은 첫인상에 중요한 요소
자연스럽고 아름다운 눈으로 당당해져야 해
하지만 불룩한 눈 밑에 깊은 눈물 고랑이 있어야겠지
불면증의 흔적, 고민 없는 고민이 아름답게 보이거든
콘크리트 벽을 스친 차가운 바람 사이로
햇빛 한 자락 움켜쥐고 너울너울
추임새 메겨 주며 지절대고 있다
그래도 탤런트 허수아비인데 섹시해야 되잖나?
자신 있는 외모로 자신감을 회복하여
겨울, 눈 속에 묻혔어도 행복을 가져다 주는 힙업 성형
현기증 유발하는 주름진 이마를 보톡스 주사로
시간을 한참 동안이나 되돌리자
웃는 재미로 긴 겨울을 보내려면
입꼬리 올리기 수술은 필수 항목이 아닌가.

워낭 소리

버팀목 속에 자유를 갈망하는 새들의 둥지가 있었다
다정한 바람과 고운 햇살이 피어오르던 나날들
순간, 방향을 잡은 새들의 힘찬 날갯짓에
명주실 가닥가닥 팽팽한 시위를 당기고
산천이 흔들리는 듯 나뭇가지는 땅으로 추락한다
새들은 날아가고 빈 둥지는 바람에 매달려
천둥을 맞고 수없이 휘몰이 치다
물뱀처럼 일렁이는 물이랑에 누워
대장간 풀무처럼 한숨만 토해 낸다
계절은 순리대로 유유히 흘러가고
투명한 바람은 허공에 마른 붓질 하며
추녀 끝 풍경 소리에 옅은 실타래를 하늘에 엮는다
보름달은 흰 구름을 휘감아 서천西天으로 기울어 가고
돋보기 낀 시선은 언뜻언뜻 운율에 자맥질한다
주인 잃은 둥지는 연거푸 재채기를 하며
찬바람 횡행橫行하는 골목길을 서성거린다.

그래도 섬[島]·1
―아들과 딸에게

너희들을 향한 마음 순식간에 녹아 버렸다
그저 울고 싶을 뿐
준비 없는 이별 앞에 두 눈이 출렁거렸고
한 점 바람에도 꽃잎은 떨어지고
닿지 않는 저 먼 곳에서 녹아내려
빈 메아리 되어 돌아온다

그래도 보내야 하기에
옅은 실타래를 하늘에 엮어 가며
수습하지 못한 고뇌들은
바람으로 휘감아 돌아와
까맣게 응어리로 파고든다

풀피리 울음에 사위어 가는 호롱불
들녘에 이는 바람에 베인 상처는
빛바랜 온몸으로 울고
기약 없는 해후를 꿈꾸며
겨울 초입 능선을 걸어간다.

그래도 섬[島]·2

어느새 저 멀리 있는 시간들
풀무질하면서 따라가다
몸으로 우는 바람 소리를 듣는다
말갛게 씻은 쪽빛 바람은
노란 떨림, 찰박이는 꽃물결을
투명한 바람에 한 뼘씩 나누어 주고
느릿느릿한 향기로 물들이고 있다
언제나 곁을 지켜 주는 두 개의 별이 있어
산모퉁이 뒹구는 사계절 악보마다
올망졸망 솟아나는 사랑의 음표들
한낮의 햇살 따라 황혼과 동행한다
부표에 매달려 쉼 없이 흔들리는
'작은 섬'
인생은 출렁이는 바다 같고
비움에 새로운 삶을 찾아
정박할 항구를 찾아 헤맨다
온갖 풍경 속으로 추억은 간직되고
저마다 그리움을 가슴에 묻는다.

심연에 흐르는 강·1

숲 속 으스름 산그늘을 짙게 드리우고
외로운 산장 부엉이 마른기침을 토하며
빈 둥지, 쓸어내는 애잔한 모정
새하얀 고독이 바지랑대에 가지런히 걸려 있다

그리움은 차곡차곡 빈 곳간에 쌓이고
늘 그랬듯이 하늘은 바람을 몰고 오고
맑은 새소리 빗장을 열고 날아든다

노을빛이 저토록 아름답게 물들이는 시간
흔들림 없는 청순한 삶들은 또 다른 공간으로 이동하고
몇 줄의 부호들만 타전하며 밤낮으로 속삭인다

한여름에도 어깨 위로 서늘히 불어오는 바람들
모진 인연의 끈, 아련하고 짠한데
차곡차곡 쌓여만 가던 애정 어린 밤들을
조용히 비워 가고 있음을 안다

그리고 아무것도 아니라는 것도 안다
울타리 속을 비우고, 눈을 감으며 또 제자리

기억의 궤도를 벗어나고자 늘 주기도문을 외운다

고독이 함께 하는 삶, 고통이 함께 하는 행복
끝없이 뒤척이는 가슴앓이는
하얗게 새하얗게 발아를 시작한다.

심연에 흐르는 강·2

여인의 마음속 깊은 곳에 그려진
한 폭의 송백松柏은 그리움으로 변하여
한세월 서리와 눈 속에서도 고고한
자태를 뽐내던 정절의 여심이었다

투명한 바다에 추락의 몸부림은
바람인들 구름인들 인고忍苦의 시간이라
소금 줄기 따라 뜬금없이 터지는 재채기
하늘 높이 비상하는 갈매기의 울음이었다

간간이 불어오는 차가운 바람 사이로
허허로운 미소는 무심한 듯 일렁이고
또 다른 미지의 시간으로 쉼 없이 갈망하다
부질없음을 흥얼대며 너울 사이로 토해낸다

바다에 드리워진 푸른 그림자는
해풍에 휘몰이 치는 여인의 보금자리
밤낮없이 울어 대는 뱃고동 소리들을
뭍에서 바다를 쓸어안고 술잔에 허기를 채운다.

제2부 푸른 의자

나로 인해 엮였든 타인에 의해 엮였든
하늘의 뜻을 알기에 한나절 더 달려간다

꽃비

바람이 살갑다
숲의 노래를 담아내
내 안에 너를
네 안에서 또 다른 나를 찾으러
숲길을 거닐고 있었다

짙푸른 계곡에는 꽃비가 흐르고 있었다
맑은 물이 흐르는 계곡 밑에서
청록빛 들풀 향기의 속삭임이 보였다
내 영혼의 밤들이 봄날의 얼음처럼
무수히 쪼개져 내렸다

멈추고 싶었던 내 지난한 시간들이
너를 향한 또 하나의 갈증이었음이
물위로 떠오르는 깨달음
강은 누운 채로 계절을 적셔 가는
내 안에 쏟아지는 꽃비였다.

바람꽃

콘크리트 틈에서 피어난 연두색 민들레
쐐기풀 가시에 쏘여 3도 화상
초봄 개구리 여린 심장처럼 팔딱 뛰고
심장을 헤집던 가시는 서슬 퍼렇게 날아다니며
쳐다보는 눈빛도 두려워 꽃잎은 숨죽인다
바람벽 한 올 감고서 이슬 머금은 꽃
살짝 스치는 옷깃의 대화는
달빛에 춤사위를 펼치고
탁발승의 목탁에 담긴 시간의 향기가 두렵다
안개 속 바람은 속살을 게워 내며 여전히 술렁대고
비릿한 갯골엔 실신한 달그림자 길게 누웠다
심연의 빛 손에 잡을 수 없는 향기
눈을 감으면 꽃잎 떨어질까 두렵고
어머니의 헛기침은 왜 이다지도 그리운지
앙상한 파도 위에 새 삶을 놓아 둔다.

자전거를 타는 계절

꽃들도 사랑이 무르익는 계절
자전거는 빌딩 숲을 지나 태양을 향해 달린다
자전거에 탑승한 시간은 썰렁한 바람을 가르고
번민하고 고뇌하는 삶의 언저리를 지나 질주한다
길은 험난하고 잠이 덜 깬 새벽이슬 사이로
오늘과 미래를 향해 질주하다
자분자분 바퀴살을 튕겨 본다
바퀴살 안으로 서걱거리는 소리
심연으로 골수(骨髓)가 쏟아져 내린다
구부러진 지팡이 명치끝 스치는 바람
그루터기 삭정이는 울음을 사위어 가고
황혼을 등짐 진 바퀴살이 무겁게 굴러간다
기름 빠진 바퀴는 조바심을 태우고
돌돌 말린 수많은 사연을 접었다 폈다
옷섶에 스며든 바람을 여미며 페달을 밟아 간다
산등성 자락에는 풍경 소리 요란하고
고요히 요동치는 는개 속에서 구름과 버무려진
바람의 음절들이 연서로 일렁인다
이름 모를 새들은 깃을 세우고
또 다른 공간으로 이동할 준비를 한다

꽃들도 새들도 사랑이 무르익던 계절
이 또한 덧없이 지나가리라.

파도

눈을 감으면
밤에서 곧바로 아침이다
늘 그랬듯이 영혼의 한 자락을 잡고
오늘도 가야 할 운명을 따라나선다
기대어 쉴 곳 마땅찮아도
간간이 귓속말로 속삭이는 잔인한 어둠
기억 멀리 수평선 너머로 밀어내고자
새카맣게 하얗게 미끄러지며 허우적거리다
너무 지쳐 눈물도 거슬러 올라
하얀 푸념으로 알 듯 말 듯 또 속삭인다
가끔 우레와 번개, 폭우가 내리치면
버릴 수도 버려서도 안 되는
쌍무지개 떠오르고
너무 가벼워 비틀거리면서
덜어 주지도 보태 주지도 못하는 바람으로
조용히 잠재우고 싶다.

세월의 춤사위

허공을 움켜쥔 채
혼신을 다하여 춤사위를 펼친다
바람이 마른 숲을 흔들고
땅 위를 기어 다니던 꽃뱀은
남정네
젖은 품속으로 숨어들고
폭풍이
시절을 따라 한바탕 휩쓸더니만
어둠 저편에 숨어서 아니, 아니 한다
비릿한 안개 바람 흐느적거릴 때마다
똬리 튼 삶이
벼랑 끝에서 비걱거리는데
배나무에 핀 흰 웃음을
돌개바람이 사납게 빼앗아 가도
삭정이 마디마디 인고忍苦의 싹은
파란 맹아萌芽의 전주곡 되어 흐른다
썰물 빠져나간 후미진 갯벌에
고인 눈물은
왜 이다지도 짭조름한지
갯골을 새하얗게 절이고 있다

심연에 인화印畵된 영정 한 장
지나온 시절의 굴곡 무늬이다
이젠 시간을 거슬러 승화된 춤사위로
일그러진 저 꽃잎을 속 깊이 말리고 싶다.

타인의 계절

솔밭 길 지나 잡풀 우거진 산길
수제비 떠 놓은 듯 듬성듬성 비석도 없이 초라한 무덤들
야생화 몇몇 습한 바람결 따라 흐느적거린다

문득 한 세우려는 듯 무덤 곁을 지나칠 때
흐르는 이 엄숙함은 숨이 턱까지 차올라
수백 개 얼음 촉수가 전율을 일으키고 있다

타인의 무덤 곁에서 내 삶의 지문들을 들여다보며
끊자, 꺾자, 내다 버리자 삶의 밭을 호미질하며
텅 빈 허공 속에서 가벼운 깃털처럼 일렁이고 있다

오늘도 하늘은 온통 흐리고 무리 지어 날아가는 새들은
노부부 과수원 과육 익어 가던 계절을 지나
햇살은 달력으로 번지점프를 한다

쌓인 먼지 툭툭 털며 풀무질하던 날
질서 없는 새들은 까르르까르르 흥겨워하고
그 웃음소리 속으로 황망한 바람으로 사라지고 있었다

진흙길 위엔 붉은 발자국으로 미끄러지는 언어들
타인의 무덤 자락을 지나며 뚝뚝, 늑골 분지르는 소리
숨가쁜 행간의 경계를 지나 함께 묻으며 지나온다.

식탁 위에서

이른 아침
고운 햇살이 바람에 출렁인다
이슬에 젖은 오색 단풍잎
투명 붓으로 허공에 벗어 던지고
새 삶의 씨는 발아가 시작되고
이슬 꽃 몇 송이 피운다
부러질 듯 휘어진 나뭇가지
까치 무리 지어 날아와
음악 소리 요란하다
깍깍깍깍 까르르르
떠난 사람 모두 돌아와
바다를 후루룩 마신다
빛바랜 날들 아련하고
심장 끝에 웅크리고 있는 모난 기억들
유혹하듯 살랑이고
엄동설한 얼음 아래 말없이 흐르는 물장단들
추억 저편 장미 향기 피어오르고
빠알간 꽃망울 터뜨리며
혀끝 톡 쏘는 아릿함
환하게 웃으며 눈들을 맞춘다.

황혼의 연가

별비 쏟아지던 밤하늘
허공에 웅크려 달빛 찢던
심연에 그려진 그림 그림들
한세월 그리움으로 변하여 저장되었던
수많은 사연을 그윽이 피워 낸다
바람결에 들려오는 다정한 목소리
그대 향한 그리움 아련히 떠오르면
서투른 첫사랑 고백이 클릭되어
뜨겁게, 뜨겁게 가슴 저려 온다
파랗게 물든 산허리 베고 돌아누우니
어느새 갈잎으로 물들고 내가 아니라
아니라며, 손사래 치며 황혼을 붓질한다
가느다란 떨림, 빗금 치는 가락
애잔한 두 눈이 출렁거린다
소리 없이 떠도는 범선 돛대 초승달
가녀린 영혼에게 쏟아지는 잔잔한 별비여!

낙엽

무심한 바람결에도
뒹구는 낙엽은
오후의 햇살 맞아 사각거리고
갈꽃 그늘 서늘히 내려
연둣빛 반질반질한 어린 잎들은
벌써 누런 모자를 썼다

고운 잎사귀 만든 나목은
미련과 분노를 다 벗어 버리고
중환자실 링거처럼 매달려
창백한 모습으로 삭신을 떨구며
안식에 빠져든다

아직도 푸른 잎 두르고 있는 건
계절의 순리를 받아들일 수 없는 탓일까
아님, 돌아갈 수 없는 진한 그리움이 있을까
제각기 망각 속에 빠져
퇴색하지 않는 색채가 어설프다

먼 미로의 길로 뒹구는 눈물은

오늘도 버릴 것도 가질 것도 없이
빛바랜 의자는 주인의 체중이 힘겹고
넋 잃은 낙엽들은 환생을 꿈꾸며
팽그르르 어깨 위에 내려앉는다.

질경이 사랑

싱싱하게 부풀어 오는 아침을 딛고
반복된 일상 속에 파묻혀
고뇌와 번민의 방에서 갈망하다
연둣빛 감미로운 속삭임을 노래한다

짓밟힌 아픔이 아무리 깊다 한들
찢긴 풀내음 애절한 생을 여미고
낮은 곳으로 자리 잡는 질경이 사랑
사랑도 양분이 있어야 생기가 솟듯이
애틋한 눈빛 기다리며 흔들림 없이
땅속 깊이 뿌리를 내린다

변함없는 햇살에 피워 내는 미소
티 없이 드넓은 하늘을 바라보며
"당신을 사랑합니다."를 간절히 전하며
잎의 가려움을 조용히 갈무리한다.

푸른 의자

계단을 쌓으며 삶에 대한 단편적인
메모를 하며 발걸음을 옮겨 간다

식탁 위 메뉴는 정해져 있고
늘 변함없이 지그시 바라보며,
탁자 위 놓인 찻잔을 삶으로 가득 채워
관객도 없는 무대 위의 배우가 되어
인생무상의 공격을 받고 비틀거린다

우주 중심에서 깊은 삶을 연출하며
고통을 승화시켜 계단을 오르니,
가파른 고비 넘길 때마다 전해 주는 말씀,
"믿음으로 비워지는 만큼 채워지는 것"
굴레에서 벗어나 지천명知天命의 고갯길을 넘어

나로 인해 엮였든
타인에 의해 엮였든
하늘의 뜻을 알기에 한나절 더 달려
흐르는 시간 따라 함께 가면서
절반은 늘 푸른 의자에 앉아 있다.

그냥 그렇게

물봉선화 빛 농익은 저 노을은
살아 숨쉬는 부활의 신비로움
더불어 살아가는 영혼의 비틀거림
바람에 쓰러지듯 삭신 녹아내리는 듯
다 거두지 못한 야윈 하얀 설움들이
비발디 사계의 음률에 맞추어 철없이
산자락에 푸른 이슬들로 출렁거린다

시끌벅적한 도시에서 벗어나
산과 계곡 바람과 새들의 어우러짐에
웃자란 헛가지들 매만져 맵시를 내고
예전에 몰랐던 빛바랜 일기장을 뒤척이며
한 자락 박혀 있던 옷깃을 훨훨 펼치면서
미움, 사랑, 용서의 단어들을 바람에 날리고
나와 어울리는 풍경 속으로 걸음을 재촉한다

화려하고 값비싼 것들이 아니어도 좋다
그저 휘파람에 흥얼대며 다정한 이웃과
향기로운 커피 한 잔으로 눈인사를 나누며
포도, 살구, 자두, 상추, 쑥갓이 있는 텃밭

진수성찬 삼시 세끼가 아니어도 좋다
그저 맘 편안히 건강과 평화를 노래하는
그곳을 향해 무심히 흐르고 싶다.

외출할 생각이 그리움에 닿아

타닥타닥 화염 속!
숯 갈라지는 소리
목 놓아 울고 있습니다
외출할 생각이 그리움에 닿아
비워도 버려도 외로움만 솟아납니다
청아한 소쩍새 울음소리 멈추어 버린 시간들
문틈으로 비치는 고요한 빛의 무리 무리들
이 모두가 내 안의 풍경입니다
간간이 들려오는 순백의 풍경 소리는
속세에 묻은 중금속을 녹여 냅니다
천일기도
새벽 먼동이 밝아 오기 전
옷깃은 흠뻑 젖어들고
고뇌의 한 자락 서걱서걱 잘라 냅니다
새로운 삶의 길을 걸어갑니다
비움의 아름다움
평강의 주홍빛 불길로 번져 갑니다.

첫사랑

떨어지는 낙엽은
19살 소프라노 소녀의 웃음과 버무려져
감미로운 멜로디로 꽃피우던 시절이 있었다
꿈들을 클릭해 본다
청보리밭 이랑이 불어 주던 바람은
4분의 4박자 스텝을 밟아 가며
샛노란 음표는 춤사위가 흥겨웠다
소낙비처럼 쏟아져 내리던 아름다운 세레나데
해맑은 빛 노닐던 그날이 꽃 파도친다

한 통의 연서가 날아와 가슴이 따뜻해지고
심장이 출렁대고 흐르는 물위로 걸어 다니고
고운 햇살이 나뭇가지를 흔들어 주니
옅은 실타래는 풀리어 잔잔한 파문으로 일렁이고
사람의 향기가 아름답게 흩뿌려 주고
산과 바다가 푸르다 외치고 꿈이 아니길 꼬집어 보고
철 지난 향기가 안겨 올까 설레고 있었다

삼십 수년이란 세월이 아찔하게 지나가고
또 다른 삶 속에서 저마다의 사연으로 살아왔기에

지난날 아름다웠던 일들을 상상해 보며 행복해한다

무거운 탁자가 가로막혀 있다
다정하던 눈빛을 찾으려 하지만
아무런 의미 없는 눈빛만 주고받으면서
희미한 불빛만 찻잔 위로 흘깃거린다
호숫가에 아름다운 집을 짓고
연초록 산봉우리를 넘나드는 비행을 하고
말을 타고 해변가를 산책하면서
모든 시름을 털어 버리고 살고 있다고 한다
그리웠던 마음이 빗살무늬를 그리고 있었다

심연은 간드러진 바람으로 불어오는데,
슬픔을 그렁그렁 매달고 까맣게 저장된
연서는 읽어 볼 사이도 없이 애틋함만 서성거리고
해 저무는 밤 풍경만 녹여내고
그리움도 사랑의 아픔도 후회도
이 모든 것을 나만의 것으로 묻기로 한다
철 지난 향기를 안을 수 없음은 흐르는 시간 속에서
내가 변해 가고 있음을 알게 되고

애잔한 두 눈만 출렁거리다
첫사랑은 그런 것인가 하고 찻잔을 비워 간다.

내 사랑 꽃님이

출구가 없는 곳
짚동가리 속엔 무언의 갈증이
목청을 돋우며 반란이었다
심장이 터질 것 같은 고통의 불길
태동의 전율이 번갈아 붓질을 하고
세포 마디마디 연약한 호흡,
긴 암흑 속에서 한줄기 빛을 안고 태어났다

땀에 젖은 몸은 후드득 무게를 줄여 가고
후미진 틈으로 환호하는 눈부신 햇살
짚동가리 속은 비밀스런 물체가 꼼지락꼼지락
햇살이 멈추는 곳, 뽀송뽀송한 예쁜 꽃님이는
그렇게 다른 모습으로 내 곁으로 왔다

함께 한 15년 여전히 사랑스럽고 예쁜 모습
구름 솔기마다 낮은 소리로 읊조리며
소통이 되지 않는 언어들을 무언으로 교감하고
꽃님이와 나는 늘 찰진 기름을 부어 가며
행복한 시간을 만들어 간다

품에 안기어 커피도 함께 마신다
유난히 새까만 코를 발름거리며
흑진주 같은 눈동자를 무언으로 속삭이며
'엄마는 아메리카노, 꽃님이는 향기리카노'
달고 쓴 커피의 향처럼, 꽃님이와 나는
이승과 저승을 넘나드는 고통도 함께 마셨다

소멸되어 가는 시간의 발자국, 쓰라린 아픔들
굴곡진 삶의 능선에서도 서로 위로하면서
가냘픈 몸뚱이 여린 심장 다독이며
핏빛보다 진한 애절한 눈빛에 가슴이 저려 왔고
누군가를 위한 나의 삶이 보이지 않는
바람을 가르고, 두 줄기 빛 사이에
세 줄기 빛으로 저장시킨다

내 가슴에 안기어 행복한 심장 소리 들려주고
늘 곁에서 다정한 숨소리로 "엄마, 함께 있잖아요." 하며
차곡차곡 아름답고 행복한 옷을 입는다
하얀 달빛이 간드러지게 부서지는 보름 달밤
달빛 풀어 싸늘한 밤이슬 우산 씌워 주고

소쩍새 울음소리 자장가로 들려주면서
아득한 창공의 수많은 별빛을 향해
지금까지 내 삶의 순간들과 함께 한 꽃님이에게
달님과 태양이 마주 보는 날까지 함께 하겠노라며
환하게 웃어 주면서 한 약속
사랑할 수밖에 없는 이 아름다운 동행과
오늘도 무언으로 눈빛을 주고받는다.

제3부 바라보기

엷은 안개를 걷어올린다
현관 안,
이제 구두 두 짝만 가지런히 놓여 있다

변화

교차로를 함께 걸으며
훔쳐본 사내의 옆모습은
고독한 주름이 흐르는 묵정밭
그 묵정밭 정수리 이랑 사이로
무수한 사연들이 돋아났다
엇갈려 귀가한 그날 가슴속 그리움들
하나 둘 묻고 돌아누웠다
언제부터인가 사랑은 부재중이었고
기억 상실한 햇살은 내 그림자를 가두었다
유통기한 지난 사랑을 껴안고
사방으로 곤두박질하는데, 멀미가 심하다
마른 가슴 적셔 줄 아주 오래된 그리움들을
하나 둘 벗어 버리는 홀가분한 기분
아마도 내가 변해 가나 보다.

화인 火印

온몸이 타들어 가는 시련의 여인
오랜 세월 자생과 자멸이 반복으로
잉태된 울타리를 엮는다
울컥 젖는 가슴
돛대 없는 배를 타고 허공을 날아다니며
엇갈린 눈빛 속에 체념의 노리개
주렁주렁 매달고 춤사위를 펼친다
후드득 애절한 바람의 하소연
추억이 걸어 나와 푸른 정맥으로 사라진다
폭풍과 해일은 사납고
가족이란 돛단배에 발목을 묶는다
그리고 침묵이란 햇살을 풀어놓는다.

사랑은 부재중

함께 한다는 것이
결국엔 하얀 가슴 뒤집고
바닥으로 내려앉거나
어쩌면 함께
잊혀져 가야 하는 것일까

가슴속 그리움은 조용히 묻고
돌아눕는 내가 변해 가나 보다
언젠가부터 사랑은 부재중이라
햇살이 기억 상실하고
잔잔한 물보라 피어오른다

바람에 떨어진 꽃잎은
허공에 어지럽게 맴돌고
유통기한 지난 사랑을 껴안고
사방으로 곤두박질치면서
심한 멀미를 일으킨다

투명한 산 여울
그리움은 선율을 타고

고뇌의 실타래 말갛게 풀어져
연둣빛 떨림으로
애잔하게 발효시키다
마른 가슴 적셔 줄 그리움을 벗는다.

망초꽃 연가

꽃망울 노랗게 터뜨리는 산수유는
동박새 유혹하여 품속에 넣고
꿀벌들과 재잘거리는 한낮 동안
하얗게 기울어 소매 끝이 젖어 있다
야산 묵정밭엔 망초꽃 영혼
산비알에 걸려 하얗게 슬프고
불꽃 같은 영산홍은 오랫동안 간직한
비밀의 상자 풀어 힘껏 던지니
슬픈 덩어리 목울대를 타들어 간다
되돌아오는 텅 빈 영혼의 애가哀歌
이승과 저승 넘나들며 회전목마를 탄다
늘 가슴앓이로 소리 없이 죽어 가던
등 굽어 휘어진 세월을
부석한 가랑잎으로 덮으면
눈물은 고추냉이 맛으로 쌉싸름하다
얼굴과 가슴 적시는 이 비 그치고 나면
땅속 깊이 사라질 굴욕들
구름 모자 쓴 망초 대는
햇살 받아 연둣빛 가려움으로 시원하겠지.

밤바다에서

바닷바람에 부딪친 갈매기
적막함을 달래듯 가늠할 수 없는 밤하늘
어둠 짙게 드리운 먼 바다
푹신한 바다 방석 백사장에서
알 수 없는 사연들이 떠돌다가
허무만 남기고 심연으로 사라진다
비구름 사이로 새초롬하게 내민 달빛은
짙푸른 얼굴 위에 포개지는 낯익은 얼굴들
거절할 수 없이 다정히 다가와 속삭인다
어둠이 몇 발자국 등 뒤로 피신하는 동안
후두둑 얼굴에 휘갈기는 비바람 소낙비
척추신경을 타고 몸속 깊은 바닥까지 흐른다
인고忍苦의 고단함이 밀려가 고요해질 때까지
힘껏 받아 꼭 껴안고 눈을 감는다
먹구름 퇴각한 비바람 전쟁터엔
반쯤 몸을 가린 채 누워 있는 밤바다 위로
두 줄기 달빛에 젖어 잔잔히 일렁인다.

파랑주의보

대추리 들녘을 휘감아 도는
안성천 하류에
파랑주의보가 내렸다
부표가 바람에 밀려다닌다
별이 쏟아지던 밤
찔레꽃 향기가 부표 끝에 매달려
꼭짓점 댄스를 춘다
거센 비바람이 마구 할퀴면
부표에 매달린 생명줄은
끊어질 듯 끊어질 듯 허우적거리다
잔인한 폭풍이 한 번 더 몰아치니
큰 강물이 길을 열어 주고
마디마디 얽어맨 울타리도
힘없이 무너져 내린다
몸과 마음을 적시는 눈물처럼
비는 그칠 줄 모르고 내린다.

돋보기

타원형에 갇힌 태양은
자지러지는 음색으로 새빨간데
뿌옇게 회색빛 도시
꿈은 초승달 속으로 여행한다

색정적인 몽상마저
꽃으로 피어나고
화려한 오색 숲을 거닐며
추억의 실타래를 엮는다

창백하고도 가느다란 꽃술은
눈을 뜨면 뜰수록 앞이 보이지 않아
건들바람에 공간을 휘젓고
아주 작게 꾸겨져만 간다

흐린 눈으로 새벽 창을 닦으면
닫힌 마음 빗장을 열고
햇살이 잔물결 치는 뜰
꽃무늬 꽃향기 풍기며 일렁인다.

흑진주
―몽돌

고단한 삶이 어물어물 저물어 가고
설익은 달빛 몇 조각 풀어 놓은 듯
별비 쏟아져 울음 흐르는 해안가
잘그르르 차르르 잘그르르 차르르
빛 고운 바람 심연을 흔들고 눈시울을 매만진다
시름이 수평선 위로 잦아들 때
뱃고동 소리와 버무려진 설익은 웃음들
해변엔 동백꽃 향기 흩날린다
파도에 씻기어 서로 다른 문양으로
사랑을 고백하며 볼을 부비고 있다
잘그르르 차르르 잘그르르 차르르
수줍은 미소 붉게 물들어 오고
지나가는 길손들 발길을 잡는다
함지박 가득한 하얀 음표들
팔색조 바람으로 연정을 품고 와서
요염한 미소로 유혹하다
눈부신 햇살이 흩어졌다 모여들 듯
선남선녀가 사랑을 피워 올릴 때
해변 산자락 불타오르는 동백 숲은
반짝이는 몽돌을 품에 안는다.

풍경 속으로

가을바람은 사랑으로 장단을 두드리고
연분홍 실루엣의 나긋한 속삭임
면사포처럼 날리는 하늘빛
애틋한 사랑의 하이얀 그림자
자분자분 바람결 따라 흩날린다

옷섶마다 사연이 흐트러지면서
산자락은 얇은 휘장 옷자락들로
끝없이 휘감은 억새꽃들의 반란
악보 없는 노래도 흥겹게 읊조리면서
상큼한 볼에 연지 찍고 산모롱이 돌아간다

황혼은 오직 한길, 실타래는 하늘에 엮어 있고
마디마디 짙은 그리움 뒷짐 진 채 서성거리며
구름을 비켜 나온 풀빛 하늘, 갈무리하는 시간
가파른 등산로 따라 삶의 향기 흩뿌리다
사립문 밀치고 풍경 속으로 들어간다.

능선에 오르며

초록빛 햇살을 등짐 지고
끓어오르는 느낌표
아지랑이 산허리를 휘감아 돈다
바람 부는 날이나 별이 뜨지 않은 밤에도
사방은 아슬아슬한 풍경으로만 남고
임진강 강물은 굽이 굽이쳐 흘러갈 따름이다
머언 능선은 지척에서 뒤뚱뒤뚱 움직이다
하늬바람은 조용히 능선을 넘나들고
마른 억새풀은 4분의 4박자 지휘를 하고
발레리나처럼 능선 위에서 춤사위가 흥겹다
백로 한 쌍의 평화로운 날갯짓 한 폭의 풍경화
스케치하며 긴 여운의 물음표를 단다
따사로운 봄볕 사내들의
미세한 눈빛엔 전류가 흐르고
하루에도 몇 번씩 과거와 현재를 오가는 시간
묵언의 침묵은 간절하고 애잔한 눈빛
이젠 봄빛 한 올 한 올 퍼 올리며
무언의 교감 주고받는다.

삶의 여정

안개 낀 늪지대를 지나 가까운 곳에서 분다
서슬 퍼런 칼날 위에 당신을 누이고
달뜬 밤 조용히 소지장을 태우니
소지장과 육신의 탄내가 태풍을 몰고 온다
영면한 당신을 향해 술잔을 기울이며
육체의 이탈을 도와준 어느 알 수 없는 시간들
당신은 기차를 타고 눈먼 소리를 뒤로하고
레일 위를 달리고 또 달려간다
강한 성정 엇박자 스텝에 비틀거렸고
1,200℃ 불가마 속 바람의 언덕
검푸른 심연의 바다는 늘 술렁거렸고
그 후 당신은 바람의 덫에 걸려
시뻘건 적외선 불길, 한 줌의 재로
바람이 이는 묵정밭으로 돌아갔다
세상에서 깃들었던 집이 허물어져
허공에서 맴돌던 영혼
투명한 체로 걸러 낸다
고단했던 삶의 기로
애잔한 눈빛에 세월이 출렁거린다.

바라보기

현관 안,
구두 두 켤레가 다정히 놓여 있었다
그러나 하늘의 뜻은 거역할 수가 없었다
밤비가 천지를 두드리고 세상에 깃들었던 집이
속절없이 허물어져 가고, 그저 바라만 볼 뿐이었다
애잔한 시선은 늘 허공에 머물러 있고
타인을 의식한 가면을 쓰고
심연은 비틀거리며 텅 빈 허공에
늘 손사래 치고 있었다
바지랑대도 하늘을 향해 있었고
장대를 휘두르며 기억을 지우고 있었다
채색된 계절은 풍향계를 돌리고
눈가엔 황혼의 잔주름이 늘어만 갔다
표백된 정수리로 쏟아지는 사연들
아름답게 성화되어 인고의 시간을
소슬한 바람으로 잠재울 때
함초롬히 젖은 나뭇가지는
엷은 안개를 걷어 올린다
현관 안,
이제 구두 두 짝만 가지런히 놓여 있다.

바닷가 풍경 · 1

비릿한 냄새가 풍기는 포구
노을이 바다 위에 내려앉는다
물결 위 채색된 빛들,
프리즘으로 투영되어
탁자 위 막걸리 사발과
한낮의 햇살이 꿈틀거린다
온몸 구석구석 울리는 음률
출력하지 못할 심호흡이
짙푸른 바다를 퍼 올린다
소금기에 절여진 옷자락은
재래시장 옷가게를 더듬고
막걸리와 파전은 내장을 더듬는다
불빛은 여전히 밝은데
순이가 기다리는 집이 보이지 않는다
그렇게 시간과 바다를 몇 병 비워 내고
저물녘 바닷가 선술집 취객 몇몇 허물어진다.

바닷가 풍경 · 2

짭조름한 갯골에 바람이 일고 있다
닿을 수 없는 무의식의 심층
한가로이 물새 발자국 낙관 찍는 시간
해당화 꽃 무리무리 영글어 간다
갈매기 한가로이 노니는 모래톱
눈앞에 펼쳐질 풍경도 잊은 채
촐랑대던 망둥이 무리들
운수 없이 훌치기 낚시에 걸려든다
방울 소리 울릴 때마다 망둥이들은
뭍으로 나동그라졌다 널브러졌다 반복하며
하얀 소금이 담긴 통에 차곡차곡 쌓인다
득달같이 달려온 사내는 번개탄 연기로 질식시키고
찬바람이 이는 연장을 들고 허물을 활활 벗긴다
누군가, 막걸리 사발과 젓가락을 들고 기다리니
민망한 노을이 슬며시 자리를 비켜 간다

그렇게 갯골엔 그림자 몇몇 길게 드리운다.

바람난 동백

　섬마을 동백이 뜨거운 열기에 못 이겨 붉은 꽃망울 터진다
　말갛게 씻은 쪽빛 바람은 물굽이 넘실대고
　고단한 뱃사람들 가슴마다 찰박이는 꽃물결을 한 뼘씩 나누어 주고 있다

　동쪽 수평선 멀리 붉게 물들이고 부챗살처럼 퍼지듯 날아오는 연서들,
　짙은 안개 속에서 수줍게 피는 꽃, 해안가 바위벽에 그리움이 흩뿌려져
　핏빛 동백이 검푸른 물결과 어우러져 하모니를 이루고 있다

　산 아래 해안가 수많은 공룡 알 잔물결에 씻기어 보석처럼 빛나고
　잘그르르 차르르, 몽돌은 해조를 토해 내고, 계절이 익어가는 소리에
　추파를 던지며 자지러지는 소리에 꽃들은 놀라 미열에 떨고 있다

　어선들이 내뿜는 새하얀 포말은 프리즘 광선이 번득이고,

붉은 등잔을 손에 든 횟집 종업원들 치맛자락이 추임새를 메겨 주니
 밤바다 취객들 바다를 몇 병씩 비워 내고 해안가 쪽으로 허물어진다

 낮에 버린 소주병 속엔 갖가지의 사연과 모습들이 담겨 있고
 그대를 향한 연정戀情들이 모여서 연분홍 별비[星雨]로 쏟아져 내리니
 내 안에 은은하게 울리는 풍경 소리에 동백꽃이 더 붉게 피어난다.

제4부 발효된 침묵

결빙된 시간을 깨뜨리고 조용히 촛불을 켜고
아침을 시작하는 청원 기도와
하루를 마감하는 만종晩種의 감사 기도를 바친다

발효된 침묵

출발선을 벗어났다
침묵으로 발효를 시작한다
십자가 앞에서 무언의 대화가 시작되고
비움의 평화를 원하는 청원 기도를 바치며
보이는 곳보다 보이지 않은 곳으로 눈길을 돌리며
덜컹거리는 창틀, 하얗게 순박해지는 깨달음들
남몰래 가슴만 태우는 기다림이다

멋지고 믿음직함, 잔잔하고 아름다운 미소
새삼 감정이 복받쳐 오르며
빈 들녘 흐린 들판에서 휘적휘적 서성거린다
앙상한 나뭇가지에 초겨울 서리가 내리고
내 머리 위엔 그리움이 하얗게 내리는 날
자식이 몰고 온 푸르른 아픔을 가늠 길 없는
겨울 적요를 안고 함묵含默한다

바람에 흔들리며 빛으로 반사되어
그리운 것은 그리운 대로
흔들리다 퇴색되면 툭 떨쳐 내고
투명한 여과기에 담겨 발효된 침묵은

결빙된 시간을 깨뜨리고 조용히 촛불을 켜고
아침을 시작하는 청원 기도와
하루를 마감하는 만종晩種의 감사 기도를 바친다.

향기롭게 성화되어 가기를 두 손 가지런히 모은다.

그리운 어머니·1

열여섯에 귀밑머리 올려 주신 임을
사십팔 세에 홀로 보내시고
여덟 폭 뉴똥 치마로 그리움을 감싸 안으며
앞산 솔밭에 부엉새 어둠을 토하고
홀로 타서 흘러내리는 촛농은
명치끝에 치미는 그리움이다
머물음도 떠남도 전생의 업보業報라며
하얀 눈 속에 내민 붉은 동백을 가슴에 묻다
옥양목 홑이불은 긴긴 밤을 휘감아 돌고
참빗의 촘촘한 시간, 저고리 앞섶 여미며
그리움도 사치奢侈라며 다듬이에 접고
은장도 칼끝이 보일 때면 맵차게 두들기셨다
"땅에 묻힌 나무는 꽃 필 일도 없다." 하시면서도
살랑거리는 바람은 한 겹의 문풍지를 흔들고
시린 세월 수많은 한숨으로 허기를 채운 미수米壽
마침내 석양夕陽은 천부동으로 오롯이 기울어진다.

그리운 어머니 · 2

동짓달 열아흐레 고요한 밤
동박새는 이성의 울음을 그치고
바람을 채색하며 피어나던 동백 꽃잎에
혼불 새겨 놓고 하늘을 향해 홀연히 떠나가셨다
동백나무 숲을 떠난 바람은 한낮에 분향을 올리고
못다 한 사랑, 못다 한 이야기 하나, 둘
하얀 심연으로, 가녀린 영혼은 손을 흔든다
뉴똥 치마저고리 여덟 폭 감싸 안으시던
깍지 낀 손 놓으시고 무덤 속에서도 꽃을 피우셨다
동박새는 또 찾아와 꽃가지 휘청거리며 울어대고
오가는 길손 발길 사로잡는다
출렁이던 두 눈은 그리움으로 하늘을 가리고
떠나신 자리에 붉은 꽃잎이 바람에 일렁이다
그리움이 꽃물 들인다.

그리운 어머니 · 3

동짓달 열아흐렛날
이 풍진 세상을 회한의 눈물만 남겨 놓으시고
하얀 눈들을 조문객으로 모셔 놓고
어머니는 혼불로 떠나가셨다
50년 만에 내렸다는 눈들이 등불 되어
가시는 길목마다 환하게 밝혀 드린다
연약한 노구는 한 줌의 재로 변하여
자식들 가슴에 비수로 꽂히고
팔 남매는 참회의 눈물을 흘린다
따뜻한 체온은 문지방을 넘어갔지만
영정 사진 속 어머니는 벽걸이로 걸려 있고
어둠을 밝히는 촛불처럼
자식들 가슴에 쓰러져 안겨 온다
하얀 눈밭을 지나오실 것 같은 기다림,
어머니의 '수양산 그늘은 팔십 리'를 덮는다
오늘도 애잔한 두 눈은 출렁이고
그리움으로 온몸을 휘감아 돈다.

어머니의 기도 · 1

바람은 햇살을 거두어들이고
산자락 물들이며 피어나는 소리들
밤새 동박새 목 놓아 울고 간 자리
동백꽃 흥건히 쓰러져 미열이 남아 있다

찔레꽃 피고 뻐꾸기 울 때
품삯도 없이 팔남매 등짐 지고
옷섶을 여미며
또 다른 일상으로 발길을 옮겨 간다

희미한 30촉 전등 아래
눈물샘 마른 가슴 비틀 듯
밤새 구멍 난 문풍지 우는 소리
심연에 엉겨 붙은 임 향한 그리움은
시꺼멓게 타들어 갔다

바다는 너무 넓고 파도가 거칠고
바람은 한없이 시끄러워 두려웠다
애써 비켜 온 질곡의 행간을 벗어나
태양신께 두 손 모아 간절히 기도하신다

피부에 스며들던 농염한 선홍빛이
바람에 후들후들 깃을 세우며 떨고
늘 보채기만 하던 한숨 소리는
벼랑 끝에 매달려 있다

버팀목에 자란 옹이들
걸어 둔 빗장을 풀고
잊는다는 것, 잊을 수 있다는 것을
하늘에 길을 내어 봉헌하시고

바람에 댓잎 흥얼거리듯
긴 밤 풀어 놓은 장문의 사연은
수취인 불명으로 심연에 봉인되고
정갈한 새벽 등불을 밝힌다.

어머니의 기도 · 2

촛불 아래서
새하얀 옥양목에 밤새워 십자수 한 올 한 올씩
수놓으셨던 속울음, 침묵으로 애잔하게 흐르는 강
문풍지에 이는 바람 긴 밤 기도로 엮어 가시며
쉼 없는 긴 한숨 소리는 새벽을 열어 준다
풀 먹인 하이얀 광목 치마저고리
삶의 소리 사각대고 밀봉해 놓은 심연은
발효되어 아름답게 승화시키셨다
쪽찐 백발머리 은비녀로 빗장 채우시고
5남 3녀
당신을 향한 세속의 마지막 피붙이들
물안개처럼 피워 오던 그리움을 가슴에 묻고
다시 돌아오지 않을 수많은 시간들을
하얗게, 새하얗게 수놓으셨다
그리운 당신의 향기는 캡슐에 담아
은하수 별비 흐르는 하늘에 띄워 보내고
새벽이슬 발끝에 여미며 힘겹고 고달픈 삶
세월의 무상함에 아릿한 눈물 꽃으로 피우셨다
삼월 열사흘 긴긴 밤을 달님과 마주 보며
바람도 잠든 푸른 새벽 청원과 감사의 기도를 올리며
정화수 떠놓으시고 두 손을 가지런히 모으셨다.

친정어머니 수목장

꽃향기와 새들의 노랫소리가
창밖에서 머물던 납골당에서
사진으로 문패를 달고
15년을 보내고 계시던 친정어머니
분꽃 접시꽃 화려하게 피어나던 계절
남동생 부부는
새로운 곳으로 어머니의 집을 옮길 준비를 한다

살아생전 마당 넓은 집으로 가시겠다던 말씀은
저 멀리 사라지고, 영면하신 후는 자식들의 몫이라
생의 뒷자락은 견인되어 활활 타들어 가고
이승의 흔적은 흑백사진으로 덩그러니 남아
늘 덜컹거리고 애끓는 서러움으로 남아
애잔한 그리움으로 채워 가고 있었다

사십팔 세 그리운 임을 하늘나라로 보내시고
팔 남매를 품에 안고, 불면 날아갈세라
꼭 쥐면 꺼져 버릴세라 노심초사하시며
두 손 모아 빌고 또 비시던 어머니
기력이 소진될까 몇 방울의 눈물도 아끼셨다 하시며

그렇게 미수未壽에 노을빛 속으로 가셨다

김해시 대동면 주동리 천마산
튼실한 적송나무 한 그루가
어머니의 영원한 새집 주소
두 가지는 하늘로 높이 치솟아 있고
뉴똥 치마저고리 물양단 치마저고리 한들거리며
팔 남매 축원문 매달아 놓으시고 밤새워 기도하시던 곳

어머니는 생전에 원하시던 곳으로 돌아가셨다
흙과 흙들이 어우러져 생명의 힘들이 솟아나고
꽃과 새들이 이웃으로 반겨 주고
바람의 음률에 향기로운 분 냄새는 끝없이 피어오르고
어디서 날아왔는지 알 수 없는 새들은
꽃가지 휘청거리며 너울춤을 추고
어머니의 정원은 한바탕 잔칫집이다

남동생은 어머니 집에 문패를 달아 주고
어머니의 품에 엎드려 지난날 무심했던
일들을 눈물로 용서를 구하면서

청잣빛 하늘을 두 손으로 가득히 담아
다독다독 한없이 내어 드린다

능선으로 둘러싸인 산자락에서
열여덟 살 귀밑머리 올려 주신 그리운 임을 만나
좋아하시던 꽃으로 정원을 꾸미시고
진달래 화전 부치고 주안상 준비하여
걸쭉한 막걸리 대접하시면서
새들의 노랫소리에 장단 맞추는
어머니의 향기는 그리움으로 꽃물 들인다.

분꽃 이야기

연분홍 노을이 서산으로 기울어질 때
그 임이 오실까 소박한 기다림
파아란 잎새 사이로 봉곳 내민 꽃 입술
다정한 속삭임으로 입맞춤합니다

가느다란 꽃술이 한 점 바람을 흔들고
닫힌 창 살며시 열며 품에 안기는
다정한 속삭임, 달빛 가르며 다가오는
그리움의 향기, 까만 씨앗 하나 둘

연민으로 품어 안고 갈무리하는 시간
구름을 비켜 나온 듯 신비를 머금고
청초한 여인의 두 볼에
살며시 내려앉아 꽃물 들입니다.

왕해국 연가

짭조름한 해풍에 현기증을 일으키면
수줍은 낭만은 상큼한 일상을 노래하다
잔잔한 물결 따라 애간장 녹아내리고
빛 고운 햇살에 해국의 춤사위가 흥겹다

차마 그립다 말을 못하고
사랑한다는 말은 더욱 못해
이슬 머금은 향기 여울지다
애끓는 여울목 바람으로 서성거린다

해안가 바위틈에 수줍게 피어나
연보라색 청초한 꽃송이 송이마다
정갈한 몸짓으로 밤새 동여맨 긴장을 풀고
햇살에 튕기어 살랑거린다

말갛게 흘러간 흔적들
오늘따라 왜 저리 아름다운지
고운 자태로 한들거리며 미소 짓는
꽃술은 결코, 그립다 말을 하지 않는다.

주님의 식탁

산모퉁이 숲길 빛바랜 식탁에
가로수 나무는 허물을 벗고
허물들은 하나 둘 몰락하다
한동안 웰빙 바람이 식탁에 불더니
산모롱이 옆구리는 황달이 들어
황색 신호등이 주름을 짓는다
자판기에 동전을 투입하면
비만한 동맥경화중인 내 현실이
퉁, 저점 향해 경사로로 치닫는데
주름진 세월을 펼칠 수 없어
허락된 식탁의 시간들 양분해서
고통의 쪼가리들이나마 펴야 했다
텅 빈 식탁에 둘러앉은 나무들이
달빛 사이로 기도하는 시간
풍향계를 짊어진 바람은
음표 없는 악보를 써 내려가고
소리 없이 머문 빛바랜 식탁에
스며든 서늘한 푸른 빛
주님의 향기 소보록하다.

자맥질

한세월 계절풍으로 가득 찬
들녘은 구약舊約으로 자맥질하고
쓸쓸한 비탈 오래된 느티나무에
푸른 사연들 마구 솟아 아우성이다
십자가 보호하던 뾰족 삼지창
별을 헤던 파수꾼 피뢰침은
때론, 핏줄 터져 나는 뇌성을 삼키고선
초점 잃은 골목길 멍에들을 추스른다

어깨에 걸터앉은 젖은 바람에
동반자 성인들의 통성기도를 믿으며
출렁이는 눈 속으로 봄비가 스며들고
정박할 항구, 닻 내릴 곳 없지만
때론, 강 건너 동네 풍경이 손짓하고
메말라 가는 영혼의 기도문은
샛강에 넘쳐 애잔하게 불어와
신약新約으로 자맥질한다.

묵상기도

오랜 세월 의지조차 마모되어
온몸이 타들어 가는 화인火印
단절이 잉태된 울타리를 엮는다
말과 행동 지켜 주시고 온갖 악
헛됨에 빠져들지 않게 하시며
못나고 우둔한 맘 몰아내 주시고
또다시 어두운 밤이 찾아들어도
용감히 속세 유혹 끊어 버릴 수 있게
성벽이 튼튼한 주님의 집을 짓는다
울컥 젖은 가슴속엔
돛대 없는 배가 미끄러져 오며
거만하게 을러대며 헤집는다
허공에 매달린 부러진 초승달은
엇갈린 눈빛 속에 체념의 노리개
주렁주렁 매달고 춤사위를 펼치며
푸른 정맥 속으로 사라진다
요나를 삼키는 폭풍과 해일은
두 줄기 빛에 녹아내리면서
흔들리는 묵상기도를 올린다.

순례의 길

겨울과 봄의 계절 사이
설백雪白의 기운은 어둠의 영혼을 녹이고
바람을 만난 작은 불씨는
빈 들판을 태우고 있다
삶의 언저리에서 출렁이는 은빛 조각들
은은한 종소리에 심성은 포개 누워
순백의 성역에서 허물을 태우고 있다
한낮, 새싹들이 수런대고 있다
완행버스 매연에 얼룩진 빈 그릇은
그분을 향한 신앙의 그릇이 되고
서로 포개져 흔들리는 영혼은
따스한 봄 햇살에 녹여 닦는다
인생은 들녘에 이는 바람과 같은 것
잔잔한 침묵 속 그분을 부르고
사랑, 비움, 침묵으로 엮어진 길
두 손을 모으고 걸어간다.

한바탕 꿈

빈 들녘 잿빛 목마름이 입맞춤한다
고단한 삶을 지우려 꿈속으로 자맥질하니
쉬임 없이 물구나무를 선 채
푸른 사연이 마구 솟아난다
성당 종각 끝에 하늘 헤는 피뢰침
핏줄 터져 나는 뇌성 삼키고
울퉁불퉁한 일상에 씌워진 멍에
애간장 태우는 길목마다
제멋대로 돋아나는 사연들
심장에 생채기를 내며 하얗게 슬프다
멈추어 버린 시간 아무런 미동 없는 맥박
어깨에 걸쳐진 한낱 바람인가 하며
두 눈이 출렁이다 강을 이룬다
정박할 항구 닻 내릴 곳 없어
끝없이 이어지는 운하
가끔 강 건너 동네 조등이 바람에 손짓하고
메말라 가는 영혼 기도문이 술잔에 흘러넘친다
샛강에 바람은 불어오고 슬픔이 승화되어
두 줄기 빛을 따라 발길을 옮겨 앉는다
야위어 가는 영혼의 밤들이 쪼개어

쏟아지는 날
심연 속으로 흐르는 빛
한바탕 꿈으로 깨어나리.

기도

모두가 잠든 밤 달빛이 살며시 내려와 기댑니다
어둠 내려앉은 길섶 명상하는 순례자로
잔잔한 바람으로 환하게 미명의 창 열립니다

간간이 가로등 불빛 따라 달빛 무리들
행복이란 구원의 수레를 끌고 밀며
달의 기댐을 받아들입니다

두 손 모으고 꿈을 꾸다 창문을 두드리는
소리에 놀라 깨면 머리맡이 환하고
오늘 평화로운 일상이 시작됩니다

기울어진 찻잔은 당신에게로 향해 있고
흐트러진 영혼을 거룩하게 봉헌하고
동터 오는 창가에 서서 진한 커피 향과
입맞춤하고 행복한 하루의 맥을 짚습니다.

해설

『발효된 침묵』은 외침의 아이러니, 환희의 전율戰慄 그리고 기도祈禱

진춘석 | 시인, 목사

  이귀선 시인이 생애 첫 시집으로 상재한 『발효된 침묵』은 그녀의 인생 항로의 귀향이며 또한 그 지난至難한 과정을 통과한 침묵의 외침이다. 우리가 즐겨 먹는 김치, 요구르트 등은 모두 발효를 이용해 만든 식품이다. 대부분의 생물은 호흡을 위해 산소를 필요로 하고, 산소 호흡을 통해 활동에 필요한 에너지를 얻는다. 반면 땅속 깊은 곳이나 호수의 밑바닥과 같이 산소가 부족한 환경에 사는 생물들은 그러한 환경에 적응하여 산소가 없이도 에너지를 얻을 수 있는데, 이러한 호흡을 무산소호흡(무기호흡)이라 한다. 발효는 바로 이러한 무산소호흡의 하나다.
  발효는 무산소호흡, 환경에 적응하여 산소가 없어도 에너지를 얻을 수 있는 끈질긴 생명력을 말한다. 이귀선 시인에게 있어서 그 무한한 생명의 힘은 어디서 오는 걸까? 그것은 다름 아닌 생의 발효다. 그 발효는 간절한 기도祈禱이다. 발효는 또한 창조주이신 절대자에 대한 무한 신뢰와 그리고 어머니로부터 받은 어머니의 짭조름한 사랑이다.

이귀선 시인은 적지 않은 나이에 문단에 데뷔하였지만, 시를 창작하고자 하는 열정은 높이 평가할 만하고, 기법으로 대위 치환법을 동원하여 쓰기도 한다. 그리하여 꿈에도 그리던 자신만의 문학세계를 하나씩 엮어 가며 마침내 형이상학적 세계를 품에 안은 그녀에게 있어서 시는 대단히 유의미한 비상구非常口이자 탈출구脫出口였다. 그래서인지 그녀의 시에서 보이는 간절히 절제된 절규가 문학적 깊이를 더욱 진하게 채색하고 있다.

> 사십팔 세 그리운 임을 하늘나라로 보내시고
> 팔 남매를 품에 안고, 불면 날아갈세라
> 꼭 쥐면 꺼져 버릴세라 노심초사하시며
> 두 손 모아 빌고 또 비시던 어머니
> 기력이 소진될까 몇 방울의 눈물도 아끼셨다 하시며
> 그렇게 미수未壽에 노을빛 속으로 가셨다
> ―〈친정어머니 수목장〉 일부

우리들 어머니의 모습이 고스란히 이 작품에 담겨 있다. 자식을 위해 살신성인殺身成仁의 경지에 있는 우리들의 어머니에게서 한없는 모정과 신뢰를 얻는다. 그래서 세상살

이할 동안 더욱 의지한다. 이귀선 시인에게 있어서 어머니에 대한 이미지는 짭조름한 미각이다. 맛을 통한 대상에 대한 인식은 결코 잊을 수 없고, 지워질 수 없는 뼛속 깊은 기억에 저장된 DNA이다.

이귀선의 다양한 시 창작 작업의 가능성들을 보면서 그녀가 추구하고자 한 시적 이상향을 찾아 시적 여로를 따라가는 것도 즐거운 묘미 중의 하나이다. 하여 『발효된 침묵』은 외침의 아이러니요, 환희의 전율戰慄 그리고 기도祈禱였다.

1. 불평등한 사회적 생태 환경을 고발한 에콜로지

생태학은 1869년 E. H. 헤켈에 의하여 만들어진 말로, '생물과 환경 및 함께 생활하는 생물과의 관계를 논하는 과학'이라고 정의되었다. 생물 상호 간의 공동작용, 생활구조, 사회구조 등을 환경과 관련시켜 그 원리를 파악하려는 군생태학群生態學이 주류를 이루게 되었다. 근년에 와서는 이 경향이 응용 부분의 요구가 중대됨에 따라 군집 내의 에너지 흐름 또는 수량을 문제로 삼는 생산생태학生産生態學이 농업·임학·수산 관계를 중심으로 하고, 다른 한편 개체수를 문제로 하는 개체군 생태학이 인구 문제·해충 부문을 중심으로 발달해 왔다. 또한, 박물학·개생태학의 흐름에서 행동학·동물사회학이 생겨나서 개체군 내의 개체 간의 관계, 사회구조의 연구가 이루어지게 되었다. 한편, 생태학은

육지·해양·담수역의 생물군의 기능적인 문제, 특히 자연의 구조와 기능에 관한 학문으로 보다 현대적으로 정의되고 있으며, 인간도 자연의 일부라는 생각이 바탕이 되어 인간생태학에 관한 연구가 활발하게 전개되고 있다.

이러한 생태학적 범주에서 이귀선 시인이 천착穿鑿한 것은 '인간도 자연의 일부'라는 생각으로 사회 생태 환경에 대한 문제를 제기한다.

> 낡은 외투 걸친 상수리나무가 서 있는 곳으로
> 해고 통지서를 손에 쥔 사내가 걸어 나온다
>
> '상수리나무'라고 이름표를 매단 나무는
> 내 집처럼 드나들던 정문 앞에서 꼿꼿이 단식 중인데
> '구조조정 반대'라서 쳐다보는 사람 하나 없다
>
> 산을 조경 동산쯤으로 여기는 사주社主의 생각들이
> 어깨에 내려앉아 새털 같은 먼지도 힘겹다
>
> 삼십여 년을 굴렸어도 부드러웠던 바퀴들이
> 부당해고 통지서를 온몸에 두르고 나니
> 바퀴들은 몽땅 제 갈 길로 떨어져 나가 작동 불능이었다
>
> 나무를 가구로 생각하는 사람들이 있는 한
> 시간의 톱니바퀴 따라 빙빙 돌던 세상이라

두 눈엔 프리즘 광선이 번쩍이고
바코드 없는 곳으로 밀려난 상수리나무는 점점 숨이 막힌다

벽과 문 사이 해고란 두려움으로 단단히 졸라매고 있는데
야근하는 사무실 형광등을 끌고 나온 눈빛들은 한결같이
상수리나무도 다이어트하는 줄 아는가 보네 한다

밤새 사주社主가 밟은 땅엔 풀 한 포기 자라지 않아
사막처럼 생명이 뚫고 올라오지 못한 아침이다
햇살에 눈이 부셔 분명 충전 스위치가 작동 중인데도
해고자 상수리나무는 조여 오는 질긴 끈으로
전류가 방전되고 부피 생장점은 괴멸되었다

문을 밀고 나오니 아득한 골목 저편이
아코디언처럼 접혔다 폈다 빗금을 친다

휘적휘적 걸어갈 때 몇 겹의 공기가 찢겨 날아가고
노란 햇살 따라 걸어가다 또 뒤돌아보다

안개처럼 피어오른 하얀 깃털 사이로
소금 기둥이 된 상수리나무가 나에게 말을 건넨다
"나하고 자리 바꿔 있어 볼래?"

"네 말, 그래 맞아."

나도 그 말을 회사에게 하고 싶다.

　　　　　　　　　　　　　　―〈구조조정〉 전문

　자연 세계에 강자와 약자가 병존하듯이 사회에서도 강자와 약자가 존재한다. 이름하여 고용주와 고용인이 그것이다. 요즘은 '갑'과 '을'이라는 용어로, 그것은 사회생태적 에스컬레이터를 잘 반영한 언어들이다.

　이 작품은 질곡의 현대 역사를 잘 반영하고 있다. "삼십여 년을 굴렸어도 부드러웠던 바퀴들이/ 부당해고 통지서를 온몸에 두르고 나니/ 바퀴들은 몽땅 제 갈 길로 떨어져 나가 작동 불능이었다∥ 나무를 가구로 생각하는 사람들이 있는 한/ 시간의 톱니바퀴 따라 빙빙 돌던 세상이라/ 두 눈엔 프리즘 광선이 번쩍이고/ 바코드 없는 곳으로 밀려난 상수리나무는 점점 숨이 막힌다"

　'을'에 대한 '갑'의 횡포는 숨을 막히게 한다. 생존을 위협하는 교만. 해고된 '을'은 어디서 어떻게 생계를 이어 가야 하는가? 하늘이 부여한 달란트로 생계를 이어 가는데, '갑'은 그 수단을 강제적으로 꺾어 버리고 해고한다. 이것이야말로 사용자들의 분별없는 행동들이다. 해고된 가장家長이므로 그 가정의 생계는 막막할 터인데, 꼭 그렇게 해야만 직성이 풀리는 교만한 시대에 해고자는 대책 없이 내몰리고 있다. 사용자들이 자본으로 피고용인들의 밥줄을 위협하는 것은 매우 비겁한 짓이다. 이 불평등한 사회적 생태 환경을 이귀선은 담담히 그리고 담대히 고발告發하고 있다.

이 시대에 시인이 존재하여야 하는 이유를 유감없이 발휘한 작품으로 사회 비평의 화살촉이다.

2. 푸른 의자에 앉혀진 지천명知天命의 고갯길

〈푸른 의자〉는 이귀선 시인의 애잔한 인생 행로가 고스란히 담긴 시편 중의 하나이다.

　　계단을 쌓으며 삶에 대한 단편적인
　　메모를 하며 발걸음을 옮겨 간다

　　식탁 위 메뉴는 정해져 있고
　　늘 변함없이 지그시 바라보며,
　　탁자 위 놓인 찻잔을 삶으로 가득 채워
　　관객도 없는 무대 위의 배우가 되어
　　인생무상의 공격을 받고 비틀거린다

　　우주 중심에서 깊은 삶을 연출하며
　　고통을 승화시켜 계단을 오르니,
　　가파른 고비 넘길 때마다 전해 주는 말씀,
　　"믿음으로 비워지는 만큼 채워지는 것"
　　굴레에서 벗어나 지천명知天命의 고갯길을 넘어

나로 인해 엮였든
타인에 의해 엮였든
하늘의 뜻을 알기에 한나절 더 달려
흐르는 시간 따라 함께 가면서
절반은 늘 푸른 의자에 앉아 있다.

―〈푸른 의자〉 전문

지천명의 나이인 50고개를 넘어갈 때, '절반은 늘 푸른 의자에 앉아 있다.' 푸른 의자의 이미지는 풀밭이다. 제대로 갖춘 의자에 앉아 보기는 그렇게 흔하거나 일상적이지는 못하였다. 이리저리 쫓겨 푸른 풀밭에 앉아 슬픔을 삭이는 반추동물처럼 멈출 여유 없이 시간의 길 위를 얼마나 걸었던가? "관객도 없는 무대 위의 배우가 되어/ 인생무상의 공격을 받고 비틀거린다"에서처럼, 그런 삶은 자신이 엮기도 하였지만 때론 타인에 의해 강제된 자신의 운명이기도 하다.

이런 인생의 가파른 고갯길을 넘을 때마다 푸른 의자에 앉은 자신을, 말씀이신 전능자의 위로를 받으며 이렇게 고백한다. 이 고백은 파란만장하고 치열한 삶에서 농익어 열매를 맺은 결과이기도 하다. 그것은 곧 "믿음으로 비워지는 만큼 채워지는 것"이다. 이 진리를 하느님의 은혜로 터득하여 그 모든 번민과 고통과 수고로움을 내려놓는다. 그것이 가능한 것은 '믿음' 만이 그렇게 하는 힘을 가지고 있음을 시인은 너무나 잘 알고 있기 때문이다.

3. 인생은 허망하지 않은 듯 그러나 허망한 바라보기

사람에게 나는 냄새는 결코 향기롭지 않은가 보다. 시 '바라보기'가 잘 증명하여 보여 주고 있다.

현관 안,
구두 두 켤레가 다정히 놓여 있었다
그러나 하늘의 뜻은 거역할 수가 없었다
밤비가 천지를 두드리고 세상에 깃들었던 집이
속절없이 허물어져 가고, 그저 바라만 볼 뿐이었다
애잔한 시선은 늘 허공에 머물러 있고
타인을 의식한 가면을 쓰고
심연은 비틀거리며 텅 빈 허공에
늘 손사래 치고 있었다
바지랑대도 하늘을 향해 있었고
장대를 휘두르며 기억을 지우고 있었다
채색된 계절은 풍향계를 돌리고
눈가엔 황혼의 잔주름이 늘어만 갔다
표백된 정수리로 쏟아지는 사연들
아름답게 성화되어 인고의 시간을
소슬한 바람으로 잠재울 때
함초롬히 젖은 나뭇가지는
엷은 안개를 걷어 올린다
현관 안,

이제 구두 두 짝만 가지런히 놓여 있다.

―〈바라보기〉 전문

　한때는 그리도 다정했었다. 그러나 인생에 권태와 사악함이 스며들고 난 후부터는 생이 전쟁 아닌 전쟁이었고, 삶의 터전은 전쟁터로 바뀌었다. 인간의 한계를 잘 보여 주는 작품으로 역시 이를 잘 승화시킨 원동력은 '보이지 않는 실체'의 자비慈悲의 손길이었다. "구두 두 켤레가 다정히 놓여 있었다"에서 "이제 구두 두 짝만 가지런히 놓여 있다." 인생 바라보기를 하다가 누구나 배신의 늪에 빠져 본 적이 있을 것이다. 특히 시인에게 이런 상황이 없었다면 그 무슨 고뇌에 찬 작품을 출산할 수 있을까? 깊은 성찰의 인생론이 스민 작품들을 또한 쓸 수 없을 것이다. 문제는 그냥 고민하고, 고통당하고, 행복을 향해 끊임없이 추구하고자 하는 열기에는 결국은 한계가 있음을 인식하는 것이 성숙한 깨달음이었다.

　그럼 나머지 구두 한 켤레는 어디로 갔을까? 그것은 곧 지난 과거에 머물러 있는 화자의 분신이다. 화자의 낡은 구두는 사라지고 대신 화자의 현재적 존재를 알리는 구두 두 짝만 가지런히 놓여 있다. 절대자이신 하느님께서 화자의 지난날들의 아픔들을 모두 지고 가셨기 때문에 지금은 아주 가벼운 마음으로 정화된 구두만이 화자의 남은 인생행로의 증표가 된다.

4. 모정母情, 그 그리움의 긴 세레나데

생명을 주신 절대자께서는 신비하게도 생명을 거두실 때도 똑같은 그날이었다. 이귀선 시인의 어머니는 동짓달 열아흐렛날에 돌아가셨고 생신날인 스무하루에 하관을 하였다. 우연치고는 너무나 신의 섭리에 부합한 이귀선 시인의 어머니.

> 동짓달 열아흐렛날
> 이 풍진 세상을 회한의 눈물만 남겨 놓으시고
> 하얀 눈들을 조문객으로 모셔 놓고
> 어머니는 혼불로 떠나가셨다
> 50년 만에 내렸다는 눈들이 등불 되어
> 가시는 길목마다 환하게 밝혀 드린다
> 연약한 노구는 한 줌의 재로 변하여
> 자식들 가슴에 비수로 꽂히고
> 팔 남매는 참회의 눈물을 흘린다
> 따뜻한 체온은 문지방을 넘어갔지만
> 영정 사진 속 어머니는 벽걸이로 걸려 있고
> 어둠을 밝히는 촛불처럼
> 자식들 가슴에 쓰러져 안겨 온다
> 하얀 눈밭을 지나오실 것 같은 기다림,
> 어머니의 '수양산 그늘은 팔십 리'를 덮는다
> 오늘도 애잔한 두 눈은 출렁이고

그리움으로 온몸을 휘감아 돈다.

　　　　　　　　　　　－〈그리운 어머니·3〉 전문

　누구나 자식은 부모님과 이 세상을 이별할 때, 갖가지 떠오르는 상념들을 주체할 수 없을 것이다. 그러나 그 기원은 믿음에 따라 각양각색이다. 살아남은 자식들의 슬픔 해소 방식은 저마다 가치관에 따라 다르지만 부모님께서 보여준 모습은 같다. 시인의 모친께서 늘 하신 말씀을 하나의 귀감으로 시 속으로 가져오는 효심을 또한 의미 있게 평가할 수 있겠다.
　"수양산 그늘은 팔십 리를 덮는다." 수양산의 인덕으로 그 아래 있는 만생들이 삶을 영위해 나간다. 이런 '수양산'은 바로 시인의 어머니를 은유하고 있다. "연약한 노구는 한 줌의 재로 변하여/ 자식들 가슴에 비수로 꽂히고/ 팔 남매는 참회의 눈물을 흘린다"
　젊은 나이에 혼자 되셔서 억척스레 삶을 사는 동안 명멸明滅했던 수많은 회한들이 얼마나 많았을까? 어머니의 인종지덕忍從之德이 자식들의 반듯한 삶을 인도하셨다. 그래서 더욱 참회의 눈물을 가눌 길이 없는 미안함, 죄송함, 풍수지탄風樹之嘆이 이마를 스쳤을 것이다. 그렇지만 이는 또한 자신을 닮은 자식 사랑으로 이어지는 계기가 되기도 한다. 어머니를 그리워함은 자식에 대한 사랑으로 채워지는 이 기묘한 힐링이다.

마지막으로 이귀선 시인 보여 준 시 중에서 가장 의미심장한 시적 상상은 다음 시편에 잘 나타나 있다.

> 출발선을 벗어났다
> 침묵으로 발효를 시작한다
> 십자가 앞에서 무언의 대화가 시작되고
> 비움의 평화를 원하는 청원 기도를 바치며
> 보이는 곳보다 보이지 않은 곳으로 눈길을 돌리며
> 덜컹거리는 창틀, 하얗게 순박해지는 깨달음들
> 남몰래 가슴만 태우는 기다림이다
>
> ―〈발효된 침묵〉 일부

이귀선 시인은 삶의 에너지를 진리의 힘에서 얻는다. 그 진리를 발견하는 것은 특별한 은총이기도 하다. 그래서 더욱 이귀선 시인의 시편들이 감동의 울림뿐만이 아니라 진리를 증언하고 있다. "보이는 곳보다 보이지 않은 곳으로 눈길을 돌리며" 이 시절詩節이 바로 진리 탐구의 시발점인 것을 가리키고 있다. 믿음의 청원 기도 "믿음은 바라는 것들의 실상이요 보지 못하는 것들의 증거니⋯."(히브리서 11:1) 보통 우리 인간은 보이는 곳에 혈안이 되어 기뻐하고 슬퍼하고 고통스러워하고 시샘하고 질투하고 온갖 악행들을 저지른다. 바로 그 행악들이 발생하는 곳은 눈에 보이는 물질의 세계가 아닌가? 그렇다. 그래서 이귀선 시인은 눈에 보이지 않는 곳으로 시선을 돌린다. 바로 그 보이지 않는 곳이 공허한 진공의 세계가 아닌 믿음에서만 실상으로 자리하는 영혼의 세계, 곧 진리의 세계다. 이를 보면 이귀선 시인이 얼마나 진리를 구하기 위하여 방황하며, 지난至難한 과정을 거치며 살아왔는지를 잘 알 수 있다. 그래서 마침내 찾은 진리가 시인에게 가늠할 수 없는 평강을 내려준다.

　『발효된 침묵』은 이귀선 시인이 인생을 얼마나 열심히 그리고 정의롭게 살고 있는지 시편들 곳곳에서 발견하게 하므로 여간 즐겁지 않다. 왜일까? 진리는 자유이기 때문이다.＊

발효된
침묵

발행 ǀ 2015년 9월 15일
지은이 ǀ 이귀선
펴낸이 ǀ 김명덕
펴낸곳 ǀ 한강출판사
홈페이지 ǀ www.mhspace.co.kr
등록 ǀ 1988년 1월 15일(제8-39호)
주소 ǀ 서울시 종로구 인사동길 5, 408(인사동, 파고다빌딩)
전화 735-4257, 734-4283   팩스 739-4285

값 10,000원

ISBN 978-89-5794-317-5 04810
　　　978-89-88440-00-1 (세트)

※저자와의 협약에 의해 인지는 생략합니다.
※이 책은 2015년도 평택문인협회 창작지원금 일부를 지원받아 제작되었습니다.
※이 도서의 국립중앙도서관 출판예정도서목록(CIP)은 서지정보유통지원시스템 홈페이지(http://seoji.nl.go.kr)와 국가자료공동목록시스템(http://www.nl.go.kr/kolisnet)에서 이용하실 수 있습니다.(CIP제어번호: CIP2015032252)